MA VIEILLE BONNE

TOURS

IMPRIMERIE PAUL BOUSEREZ

5, RUE DE LUCÉ, 5

NANETTE

—————

« Notre vie dans ce monde, dit saint Benoît, est comme l'échelle que vit Jacob dans un songe. Pour qu'elle atteigne au ciel, il faut qu'elle soit plantée par le Seigneur dans un cœur humilié. Nous ne pouvons monter que par les différents échelons de « l'humilité « et de la discipline. »

Heureux ceux qui comprennent ainsi la vie, et s'appliquent à gravir sans cesse cette échelle de salut, laissant au-dessous d'eux les grandeurs et les joies de ce monde.

S'il nous était donné de voir la multitude d'âmes saintes qui s'élèvent par la simplicité et l'humilité de leur vie, notre âme serait tellement ravie qu'elle céderait certainement à une divine attraction !

C'est donc un devoir entre chrétiens de se dévoiler ces existences humbles et cachées, qui ont su trouver la vraie voie du ciel et arriver jusqu'à la porte de la béatitude !... Lorsque la violette a donné sa fleur, c'est chanter Dieu et ses œuvres que de la cueillir et d'en respirer le parfum !

J'ai reçu de Dieu l'un des plus précieux dons qui puissent être accordés en ce monde, après l'amour d'une mère, c'est l'amour et le dévouement d'une fidèle servante.

« *Si Dieu t'a donné un serviteur fidèle, qu'il te soit cher comme ton âme; traite le comme ton frère, parce que tu l'as introduit dans le sang de ton âme* » (Eccl. XXXIII, 31.)

L'humble servante des hommes, dont je veux essayer ici de dire les vertus, a été une glorieuse servante de Dieu !

Pour ouvrir des trésors d'abnégation et de sainteté, pour écrire une vie si humble et si pure, il faudrait un cœur humble et pur, et je sens toute mon indignité ! Ah! qui n'a pas connu Nanette, ma vieille bonne, n'a pas connu la bonté sur cette terre ! Ma vieille bonne !... C'était le type accompli de toutes les vertus! Qui me donnera de pouvoir louer dignement celle qui m'a tant aimée et qui, si humble devant les hommes, était si grande devant Dieu !

———————

Partie à dix-sept ans de son village, Nanette arriva à Paris pour entrer bientôt sous le toit de ma mère, alors âgée elle-même de dix-sept ans.

C'était la bénédiction de Dieu qui tombait sur la famille, l'étoile bienfaisante qui se levait pour nous, c'était un ange du ciel sous la forme humaine, une pauvre petite villageoise qui portait un cœur héroïque et une âme de sainte.

Pendant cinquante-deux ans, elle a rempli ses devoirs avec une fidélité et un dévouement tels que je ne sais pas si, devant Dieu, elle a eu à rendre compte de la plus petite défaillance dans leur accomplissement.

La fidélité et l'exactitude dans les devoirs sont sans doute tout ce que Dieu demande rigoureusement au serviteur, mais lorsque le serviteur vient à aimer ses maîtres plus que lui-même, lorsque les enfants de ses maîtres deviennent ses propres enfants, alors il atteint l'héroïsme du dévouement, et, selon l'énergique expression de l'Ecclésiastique, il s'*introduit dans le sang de la famille.*

Telle a été Nanette vis-à-vis de mon père et de ma mère, telle a été Nanette au berceau des dix-neuf enfants ou petits-enfants qu'elle a tous élevés, qu'elle a tous aimés !

Elle a endormi toutes nos douleurs, essuyé toutes nos larmes, soulagé toutes nos souffrances ! Malades, elle portait ses chers petits enfants dans ses bras, les gardait sur ses genoux pendant des journées et des nuits entières. Captive et immobile, elle a tenu l'un d'eux dans son plus jeune âge pendant vingt jours et vingt nuits de suite, sans que cette mesure intolérable de fatigue apportât un nuage sur son front, une plainte sur ses lèvres. Oh ! chère et bien-aimée Nanette, je sais combien tu étais habile à découvrir la souffrance chez les autres, et à la dissimuler chez toi !...

Nanette ne savait ni lire ni écrire. Mais Dieu avait doué cette âme d'élite d'un jugement et d'un bon sens qui la faisaient respecter, chérir de ses égaux et pénétrer dans le conseil de ses maîtres. Elle disait toujours qu'elle était une pauvre fille ignorante, et cependant quel sens droit ! quel tact exquis ! quelle grande intelligence ! quelle discrétion !... et quelle charité dans ses paroles ! Dans les difficultés et les événements auxquels nulle famille ne peut se soustraire, quelle délicatesse de cœur, quelle ineffable bonté pour savoir tout adoucir, tout calmer !

Avec quelle prudence et en même temps quelle fermeté, Nanette s'appliquait à diriger ses chers petits enfants ! Elle savait saisir les nuances si variables de leurs jeunes caractères et les plier avec une douceur et une dextérité pleines de tendresse.

Ceux d'entre nous qui ont survécu sentiront toujours dans leur âme l'empreinte de cette main délicate qui savait, avec un amour de mère, couper sur la jeune tige la branche qui perdait la séve, et diriger les rameaux qui devaient donner des fleurs.

Ceux, hélas ! qui se sont endormis dans ses bras pour toujours ont été tresser dans le ciel la couronne qu'elle vient de cueillir. Elle les a assistés jusque dans les angoisses de l'agonie, elle a reçu leurs derniers soupirs, après avoir engourdi avec un dévouement inénarrable leurs dernières souffrances ! Alors elle les ensevelissait de ses mains, les arrosait de ses larmes, les enveloppait de son amour en les enveloppant de leur linceul, les conduisait, pleine de douleur mais pleine de courage, jusqu'à leur dernière demeure, couvrait leurs tombes de fleurs, et revenait soutenir ceux qui restaient encore pour être l'objet de son dévouement et de sa sollicitude.

Tant de soins épuisèrent les forces de Nanette. Elle dut renoncer à un service actif, mais elle demeura dans la famille comme un de ses membres les plus chers et les plus vénérés. Hélas ! mon père et ma mère nous furent ravis, et Nanette resta vraiment mère au milieu de nous, ses enfants par le cœur et la reconnaissance.

Un jour, ses chers enfants voulurent célébrer la cinquantaine de ses services, et de tous les points ils accoururent se grouper autour d'elle aux pieds des autels. Touchante fête où les louanges de la digne fille furent chantées dans le ciel et sur la terre ! Dans le ciel par ceux qu'elle y avait conduits, et sur la terre par ceux qu'elle y préparait par ses soins toujours vigilants et son grand exemple.

Chacun voulut lui offrir son présent. Les plus petits des enfants élevèrent dans les airs dix-neuf petits ballons, qui simulaient les âmes des enfants qu'elle avait élevés. Le soir, elle s'assit à la table de famille au milieu de la joie de tous, et la fête se termina par un feu d'artifice qui rappelait par ses figures le dévouement du fidèle serviteur.

Il y a de grandes vertus qui font de grands bruits en ce monde, mais cette humble vie s'est écoulée dans l'ombre et le secret d'une famille. Les anges la contemplaient, et le parfum de ses vertus est monté jusqu'au ciel !

Nanette, dans ses dernières années, fut plus que jamais à Dieu. Le temps que son dévouement ne réclamait pas, elle le donnait à la prière. Elle passait donc de longues heures en oraisons, et sa mort nous révéla l'édification dont elle avait été l'objet dans l'église, où elle avait coutume de se retirer en méditation.

Un tel cœur ne devrait jamais mourir !... Sa vie était nécessaire à la sanctification et au bonheur de tous ! Mais il y avait longtemps qu'elle était un fruit mûr pour le ciel et que les anges étaient jaloux de le cueillir ! ce grand jour de joie pour le paradis et de douleur pour nous devait venir ! Après cinquante-deux jours d'une cruelle maladie correspondant aux cinquante-deux années de son dévouement, elle fut ravie à notre tendresse ! Malgré l'ardeur de notre sollicitude, nous ne pûmes retenir plus longtemps parmi nous ce trésor de notre existence !

La mort est vraiment l'écho de la vie. Quelle maladie !... Comme elle était bien proportionnée à la grandeur d'âme de celle qui la subissait ! Le feu de ses douleurs n'était surpassé que par le feu de l'amour de Dieu, qui brûlait dans ce grand cœur. Rien ne put altérer sa douce patience. C'était la force du lion et la placidité de l'agneau. Pas un instant de faiblesse ! pas une seconde de défaillance ! Elle fut toujours à la hauteur de son épreuve, plus forte que son épreuve. Elle envi-

sagea la mort d'un regard ferme et but chaque jour
l'angoisse d'une agonie cruelle et inexorable, puis-
qu'elle la conduisait au tombeau ! Jamais elle ne solli-
cita le moindre soulagement, mais elle accepta toujours tout ce qu'on lui offrait, quelque souffrance qu'il
put en résulter. Elle n'ouvrait la bouche que pour re-
mercier et bénir ! Les plus suaves prières s'échappaient
de ses lèvres, et qui nous dira les secrets de son âme et
cette parole mystérieuse de son cœur au cœur de Dieu !
Plus elle souffrait, plus elle aimait. Le courage chez
elle grandissait avec la douleur et la dépassait toujours !

« Seigneur, disait-elle, en un instant où elle croyait
n'être pas entendue, Seigneur, si vous voulez que je
souffre davantage, je le veux aussi. O mon Jésus !
je suis clouée avec vous sur la croix, je souffre beau-
coup, mais si vous voulez augmenter mes souffrances,
eh bien, j'en serai heureuse ! »

De loin en loin l'humble mansarde s'illuminait d'un
rayon céleste. C'était la visite du Divin Maître se
rendant auprès de sa fidèle servante. Un saint prêtre de
sa paroisse le lui apportait toujours avec une visible
émotion. Il ne l'avait jamais vue, mais la joie céleste
répandue sur ce cher visage et la résignation admirable
qui y brillait avaient su trahir la pureté et la grandeur de

cette belle âme. Le prêtre, avant de déposer la sainte Hostie sur les lèvres de la malade, lui adressait quelques paroles. Je ne saurais dire ce que j'éprouvais quand je voyais l'envoyé de Dieu, tenant le saint Viatique dans ses mains, s'approcher du lit de la douce victime. Elle levait alors son regard vers son Sauveur avec une telle expression de foi et d'amour que je ne l'oublierai jamais ! Ses yeux se fixaient sur la sainte Hostie et y demeuraient attachés avec cette émotion qu'un œil de saint peut seul révéler ! Ce jour-là, la mansarde avait un air de fête, nous tâchions de la parer et de la transformer de notre mieux. Enfants et petits-enfants entouraient le lit de Nanette. Les prières étaient ferventes, les yeux pleins de larmes, et les cœurs brisés de douleur, sous ce pauvre toit, siége de tant de souffrances, se ranimaient à la présence du Divin Maître, de l'auteur de la vie, du Sauveur des hommes ; ils reprenaient courage et puisaient dans leur foi la résignation si difficile à acquérir et pourtant si nécessaire en face d'une séparation qui n'était autre que celle de la mort, cette éternité du temps !...

Nanette, comme tous les saints, fut assistée à sa dernière heure par les anges. Mais quelques-uns prenaient des formes humaines. De temps à autre, on voyait la porte de sa chambre tourner silencieuse sur ses gonds, et apparaissait un religieux à la robe blanche qui venait apporter la parole de Dieu et annoncer la grande nouvelle de la délivrance !

« Ce qui m'attriste, disait-elle à l'un d'eux (son confesseur) et en jetant sur nous tous un regard d'amour indicible ! ce qui m'attriste, c'est de n'être plus bonne à rien et de ne pouvoir plus les servir ! »

Nos sanglots ne purent se contenir, et répondirent à ce dernier et touchant élan de son amour et de son dévouement !

« Écoutez, ma fille, lui répondit-il, dans nos monastères nous avons des religieux âgés ou malades qui ne peuvent faire autre chose que de souffrir et de prier. Eh bien ! ce sont eux qui font les œuvres de notre Ordre, et nous, qui sommes jeunes et actifs, nous ne faisons rien sans eux. Il en est de même pour vous, et je vous affirme que vous n'avez jamais mieux servi la famille que vous aimez, qu'en ce moment où vous êtes couchée sur ce lit de douleurs. »

Et qu'il avait raison, ce saint religieux, de parler ainsi ! Pour ma part, que de choses j'ai apprises pendant ces cinquante-deux jours de maladie ! Quel exemple de résignation ! quel modèle de patience ! quelle révélation du courage ! quelle apparition éblouissante de toutes les vertus! quel enseignement de la sainteté! Elle a buriné dans mon cœur et cimenté en mon âme ces souvenirs avec une telle puissance céleste que, je l'affirme, j'en suis encore tout embaumée! et je le déclare, à mon heure dernière, je m'en souviendrai!... afin qu'avec la grâce de Dieu et la bénédiction de ma vieille bonne, je la prenne pour mon modèle, et la suive pas à pas dans le recueillement du respect et de la plus humble imitation.

Nanette sentait bien que les portes du ciel allaient s'ouvrir toutes grandes pour la recevoir, mais son humilité lui inspira cependant quelques craintes : « Ma fille, lui dit alors son confesseur, entendez bien ce que je vais vous dire ; je porte votre âme dans mes mains, et je connais la force et la faiblesse de votre cœur; je vous dis que vous allez entrer tout droit dans le ciel. »

« Ah! mon père, répondit la sainte mourante, il faut être si pur pour voir Dieu ! »

L'une de nous, appuyée au chevet de son lit et la regardant à travers le nuage de ses larmes, ne put se contenir en entendant ces paroles. « O ma chère bonne, s'écria-t-elle, tous tes enfants te proclament bienheureuse, et si la voix du peuple est la voix de Dieu, les anges ratifient au Ciel cette canonisation de nos cœurs! »

La parole d'un mourant est souvent inspirée, et dès lors sacrée, celle de celui qui assiste le mourant ne saurait non plus se tromper, et ce cri de tendresse, échappé à une inexprimable douleur, était certainement celui de la vérité.

Elle fut d'ailleurs sanctionnée par la voix du saint religieux, son confesseur, qui soupira ces mots : « Oui, ils la proclament bienheureuse, car elle est une grande sainte ! »

C'est ce même confesseur qui, après sa mort, disait devant moi à des âmes dont je connais la sainteté : « Nous commettons en huit jours plus de péchés véniels, que Nanette n'en commettait en une année ! »

Ce fut le jour de la fête de sainte Thérèse, de cette femme qui ne savait que soupirer ces mots : Ou souffrir, ou mourir, que Nanette, ma vieille bonne, ma seconde mère, humble entre toutes les humbles, mais héroïque en grandeur d'âme et digne comme sainte Thérèse de prononcer cette sublime parole : Ou souffrir ou mourir !... c'est, dis-je, le jour de la fête de cette grande amante de Dieu, que celle que j'ai tant aimée prit son vol comme celui de la colombe, vers les collines éternelles !...

Ses enfants et ses petits-enfants l'entouraient, et, au milieu de leurs sanglots, soutenue dans leurs bras, appuyée sur leurs cœurs, elle rendit le dernier soupir !

Après sa mort, son visage parut comme radieux, l'auréole de la sainteté était sur son front, le sourire de la béatitude sur ses lèvres, elle semblait plus que dormir, elle semblait prier !...

O ma vieille bonne ! petite de ce monde, pauvre de cette terre, aujourd'hui grande dame au paradis, riche de ton travail, de tes souffrances, de ta résignation, de ton dévouement, de tes vertus, prie pour moi qui n'aurai à offrir à Dieu ni ta vie laborieuse, ni l'humilité de ta belle âme, ni la ferveur de ton esprit, ni l'héroïsme de ton grand cœur. Ah ! là haut au ciel, où tu es dans ta gloire et dans ton éternel bonheur, prie pour moi, exilée encore dans la vallée des larmes, prie pour moi ton humble servante et ton enfant !

Un serviteur fidèle et affectionné est un des plus grands bienfaits de Dieu et un élément sérieux de bonheur. »
(R. P. LACORDAIRE).

Les funérailles de ma vieille bonne ne furent pas des funérailles ordinaires. La famille voulut qu'elles exprimassent, par leur solennité, sa douleur et sa reconnaissance.

A Paris, il y a ce que le peuple nomme *les gros* morts ;
ceux qui, par leur fortune, leur gloire ou leur nom,
appellent, sur les honneurs rendus à leurs dépouilles
mortelles, le luxe des tentures, les panaches du char
et toutes les vaines pompes, dernière expression d'une
dernière vanité !... Si, dans son testament, le puissant,
par le rang et la richesse, qui vient de mourir n'a rien
stipulé pour sa sépulture, ceux qui font tout ce bruit
autour de son cercueil interprètent la pensée de ce grand
de la terre souvent fort petit devant Dieu. Aussi, pour
protester contre cet orgueil d'outre tombe, voit-on
souvent dans les familles chrétiennes, au grand étonnement de tous, des convois sans appareil et presque
simples, en désaccord complet avec une fortune hors
ligne ou un nom plein de gloire.

Nanette, pauvre et inconnue des hommes, n'avait pas
à se préoccuper de ses funérailles. Mais nous décidâmes
qu'on agirait pour elle comme pour un membre de notre
famille, et qu'elle aurait les mêmes honneurs. C'était
une petite de ce monde, mais elle était grande devant
Dieu. Comme son maître, elle *avait passé en faisant le
bien !* Il nous appartenait de lui rendre un solennel hommage ! Son humilité la faisait, durant sa vie, se cacher
comme la violette, notre reconnaissance devait l'exalter

après sa mort. *Deposuit potentes de sede et exaltavit humiles.*

Ce fut donc décidé, en conseil de famille, et nous voulûmes, par ce même sentiment de reconnaissance, suivre, à pieds et contre l'usage, notre bonne Nanette jusqu'à sa dernière demeure.

Quand le char qui me ravissait celle que j'avais tant aimée s'ébranla, ma famille se mit également en marche : d'abord ses fils et ses petits-fils, si je puis m'exprimer ainsi ; puis venaient mes beaux-frères, mes sœurs et moi, en grand deuil, deuil filial, plein de larmes !

Bien qu'à Paris tout passe inaperçu, son dévouement était si incomparable, qu'il avait attiré l'attention et l'admiration de plus d'un voisin. Nos amis, par respect pour ses vertus et pour notre douleur, avaient bien voulu se joindre à nous. Le cortége était nombreux et attendri ! les indifférents, en passant, nous regardaient avec surprise, quelques-uns demandaient : Qui est-ce? *Une humble servante*, répondait-on. A l'étonnement qui succédait à ces paroles, on ajoutait : *C'était une sainte !..*

Lorsque je descendis dans la cour pour assister à la levée du corps et me placer à sa suite, la marquise douairière ***, vieille noblesse de France, aux allures du grand siècle, s'approcha de moi. « Madame, me dit-elle, accordez-moi la faveur de vous accompagner à la suite de cette digne fille jusqu'à l'église. Mon grand âge ne saurait me permettre d'aller jusqu'au cimetière, mais je tiendrais à honneur de la suivre jusqu'aux pieds des autels, où elle m'a tant édifiée. »

La noblesse de ce monde s'inclinait devant la noblesse du ciel !

A l'église, les murs étaient revêtus de tentures, les lumières étincelaient, le curé de la paroisse et son clergé entouraient le catafalque. La sainte Messe commença dans un chant grave et solennel. Le *Pie Jesu* entonné en faux-bourdon, m'apparut plutôt comme un soupir de tendresse que comme un cri de miséricorde, de grâce et de pardon ! Je sentais qu'elle était là-haut !... Je fis de vains efforts pour demander le repos de son âme. Je finis par me prosterner en esprit devant le trône qu'elle occupe avec les bénis du divin Père, et la supplier humblement, elle qui m'avait tant aimée durant sa vie, de me bénir après sa mort.

Nous la suivîmes donc tout en pleurs jusqu'au champ des morts !... Nous vîmes la terre s'entr'ouvrir et son cercueil y descendre doucement. Le prêtre jeta l'eau bénite, le nombreux cortége défila lentement dans le silence du respect et de la douleur. Lorsque tous furent partis, mes sœurs et moi, tout près de la fosse béante et sur la terre encore humide, nous priâmes longtemps en pleurant, puis nous y déposâmes dix-neuf couronnes pour rappeler les cœurs qu'elle a tant aimés, et qui ont su si bien battre pour elle ! Chacune de nos mains ne tenait-elle pas à la couronner !

Maintenant, elle repose encore à cette même place, presque à l'ombre de la tombe de ses maîtres. Nous eussions voulu la confondre avec la poussière aimée des nôtres qui ne sont plus ! Mais, hélas ! la mort a marché vite sous le toit qui m'a vu naître, et le caveau de famille s'est comblé plus rapidement que les prévisions légitimes ne le pouvaient prévoir. Les anges sont partis, les premiers, et bientôt il ne s'est plus trouvé de place, la jeune génération ayant devancé la plus ancienne.

Lorsque vous entrez au cimetière Montparnasse, montez l'avenue, tournez à droite, puis à gauche, prenez l'allée qui se trouve l'avant-dernière, et à travers des tombes déshonorées par l'oubli ou écroulées par le temps, vous en apercevrez une toujours parée ; l'herbe qui la recouvre reste fraîche et parsemée de pensées blanches !... Une belle croix de pierre la surmonte, elle porte sur le bras transversal ces mots :

DIEU A REGARDÉ L'HUMILITÉ DE SA SERVANTE

Et sur le piédestal, ceux-ci :

EN PAIX

ICI REPOSE BONNE NANETTE, MORTE DANS SA 70° ANNÉE,
CEUX QU'ELLE A SERVIS PENDANT CINQUANTE-DEUX ANS
AVEC TENDRESSE, DÉSINTÉRESSEMENT ET DÉVOUEMENT,
SE DISENT ICI SES ENFANTS
PAR LE CŒUR ET LA RECONNAISSANCE !

Comptez ensuite les couronnes. Elles sont toujours
au nombre de dix-neuf, toujours fraîches, car lorsque le
temps les fane, lorsque le vent ou la pluie en font tomber
les fleurs, une main tendre les renouvelle, et un cœur
en éveil, car il est ému, murmure en les remplaçant :
je t'aime, ma vieille bonne, du haut du ciel, bénis-
moi !...

Bénis-moi, car à peine avais-tu donné ton âme à Dieu, qu'IL semblait vouloir m'en révéler la beauté !

Je ne puis résister au désir de consigner ici ce souvenir émouvant :

Ce fut à l'heure de midi, au son de l'*Angelus* que ma vieille bonne rendit le dernier soupir de sa chère et sainte vie. Elle expira dans mes bras et ceux de ma sœur,... nous la soutenions ! Ses douleurs étaient des plus cruelles, son cher visage portait l'empreinte de ce long et croissant martyre, et son regard disait tout ce que sa langue ne pouvait exprimer ! Affolée par le spectacle de cette agonie indescriptible, le cœur broyé par une douloureuse compassion, je ne voulais plus sa vie, je voulais sa mort ! Ma sœur et la fille de ma sœur, toutes deux pleines de foi, lui faisaient baiser l'une une médaille de la Vierge Immaculée, l'autre la vraie croix. Pour moi, afin de l'exhorter à souffrir avec une résignation qui ne défaillait pas, mais qui, en face de ces tortures, m'apparaissait comme au-dessus des forces humaines, je lui jetais souvent ce cri à travers mes baisers et mes larmes : *Ton ciel, Nanette, ton ciel, regarde ton ciel !...* Depuis je me suis demandée pourquoi cette expression, d'où venait que je n'aie pas dit naturellement : *le ciel! le ciel !* C'est que, sans me le formuler, je rendais cet hommage de spéciale vénération à sa vertu, et que je pressentais pour elle comme un ciel dans le ciel : son ciel spécialement conquis par ses mérites exceptionnels, si grands et si cachés !

Après sa mort, nous lui passâmes des vêtements blancs et nous arrangeâmes son lit et sa chambre de notre mieux. Nous lui avions croisé les bras et joint les mains sur la poitrine. Ses mains tenaient son crucifix et son chapelet.

Désireuses de garder longtemps notre chère relique, nous avions caché l'heure de son décès. De cette façon, nous pûmes la conserver deux nuits et deux jours, chose rare à Paris.

Lorsque le moment cruel qui devait nous arracher la dépouille mortelle de celle que nous avions tant aimée arriva, les hommes, chargés de la déposer dans son cercueil, nous firent observer l'impossibilité de l'y placer : nous avions posé ses bras trop étendus, les coudes dépassaient le corps. Comment faire, dirent froidement ces habitués des cimetières ; il faudra…, je n'ose continuer tant ce flegme insensible devant la mort me révoltait ! Mais ma résolution était prise, et le glas funèbre sonnant et les invités près d'arriver, rien ne m'eût ébranlée : le

corps de ma vieille bonne était sacré pour moi. Malheur
à qui eût osé y toucher sans un profond respect.

Une pensée me traversa le cœur : elle est si sainte !...
J'étais à genoux, je me levai : Ma vieille bonne, lui
dis-je, tu ne m'as jamais refusé tes mains pendant ta
vie, veux-tu bien me les donner encore ? Je lui pris
doucement et respectueusement les mains, je pus les
soulever et les désunir facilement ; j'étendis doucement
les bras, ils ne firent aucune résistance ; je les allongeai
le long de son corps à la grande stupéfaction des
personnes présentes, et alors, sans difficulté, avec mes
sœurs, je l'ensevelis en l'enveloppant de son linceul et
plus encore de notre amour.

Ce fait a paru toujours extraordinaire, et a frappé
d'un saint respect tous ceux auxquels je l'ai raconté.

*Le dernier moment, qui m'a affranchie de la terre, ne
m'a pas ôté la tendresse que j'avais pour vous. L'âme ne
peut oublier, pas plus que mourir* (SAINT PAULIN).

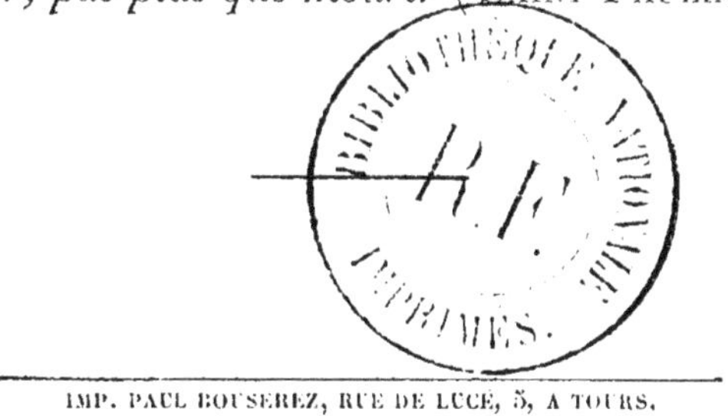

IMP. PAUL BOUSEREZ, RUE DE LUCE, 5, A TOURS.